Yuming Street for female chorus
arr. by
Shun'ichiro Genda

女声合唱のための

ユーミンストリート

源田俊一郎 編曲

カワイ出版

JN219680

アレンジは僕なりの味つけで……

　シートベルトを締め、エンジンキーを回す。タコメーターの振れを見ながらサイドブレーキをはずす前に、ユーミンのカセットを押し込んだ。リヤスピーカーから流れる心地よいリズムは、ドライブのBGMにはぴったりだ……。

　けれど、この曲集には、いつも聞くそんな賑やかなユーミンとは違った世界があるのです。数多くのアルバムの中から美しいメロディーと洒落た歌詞を持った曲を選りすぐって、女声合唱とピアノのためにまとめあげました。

　アレンジは、オリジナルを再現することにこだわらず、僕なりの味つけで料理してあります。また、無理に合唱らしくしようとせずに、ユニゾン（斉唱）を多くして、歌いやすさをどこまでも追求しました。このメニューがお気に召しますか、歌ってみて決めて下さい。

　青春の中に刻まれたユーミンの曲をいつか歌ってみたいと思っていたあなたに、この曲集を送ります。素敵な表紙を描いて下さった黒井健氏と、カワイ出版の早川由章氏、佐藤倫子さんに感謝して…。

1989年10月

源田俊一郎

　編曲の都合で一部オリジナルと異っている箇所があります。

ユーミンストリート

魔法の鏡

荒井由実 作詞・作曲／源田俊一郎 編曲

魔法の鏡を持ってたら
あなたのくらし映してみたい
もしもブルーにしていたなら
偶然そうに電話をするわ

できることならもう一度
私のことを思い出して
あれが最初で最後の本当の恋だから
あれが最初で最後の本当の恋だから

きょうもおんなじ夜空の下
あなたもきっと眠る時間ね
手帳につけた誕生日も
そっと遠くでお祝いするわ

こんなときにはどうしても
あなたに会いに行きたいけど
あれが最初で最後の本当の恋だから
あれが最初で最後の本当の恋だから

あれが最初で最後の本当の恋だから
あれが最初で最後の本当の恋だから

まほうの　かがみーを　もっ　てたらー　あなたのく
きょうも　おんなじーよ　ぞら　のしたー　あなたもき

らしー　　　うつしてみた　いーーー
っとー　　　ねむるじかん　ねーーー

もしも　ブルーに　してい　たならー　ぐうぜんそ
てちょうに　つけたた　んじょうびもー　そっとお

水の影

松任谷由実 作詞・作曲／源田俊一郎 編曲

たとえ異国の白い街でも
風がのどかなとなり街でも
私はたぶん同じ旅人
遠いイマージュ　水面におとす
　　時は川
　　きのうは岸辺
　　人はみなゴンドラに乗り
　　いつか離れて
　　想い出に手をふるの

立ち去る時の肩のあたりに
声にならない言葉きこえた
あなたをもっと憎みたかった
残る孤独を忘れるほどに
　　よどみない浮世の流れ
　　とびこめぬ弱さ責めつつ
　　けれど傷つく
　　心を持ち続けたい

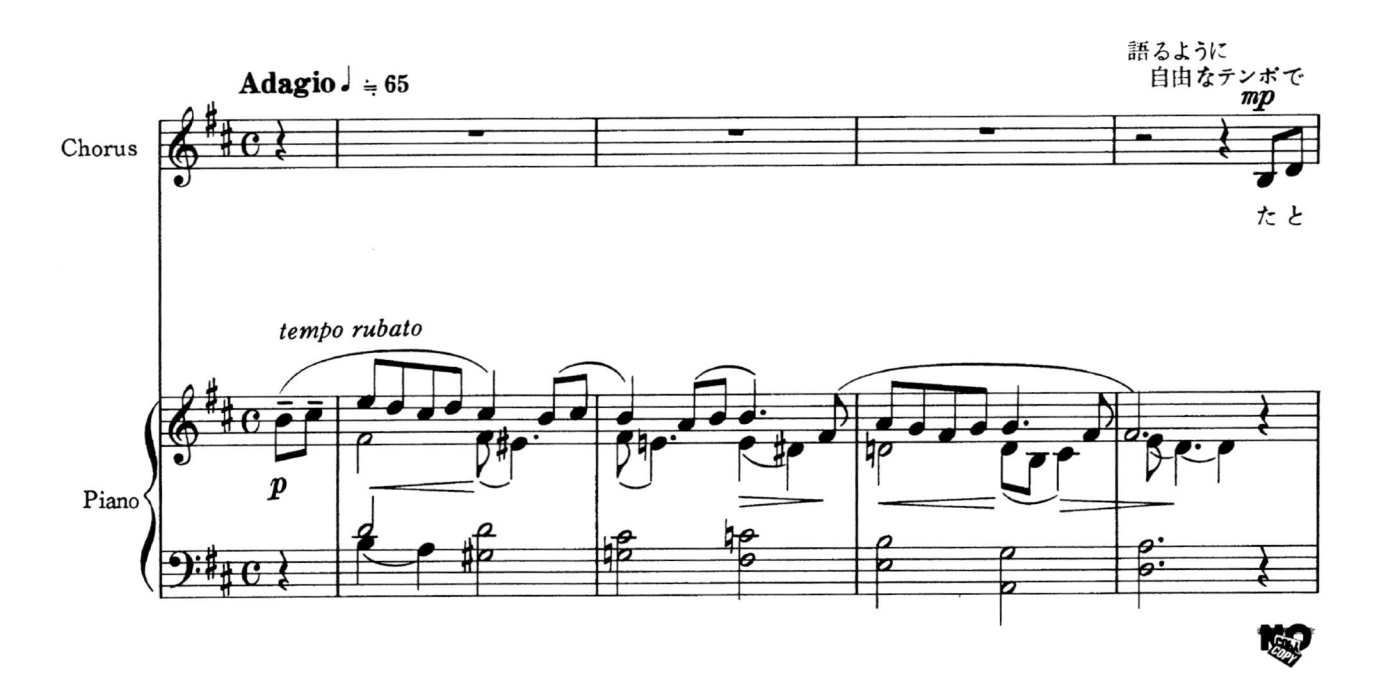

瞳を閉じて

荒井由実 作詞・作曲／源田俊一郎 編曲

風がやんだら　沖まで船を出そう
手紙を入れた　ガラスびんをもって

霧が晴れたら　小高い丘に立とう
名もない島が　見えるかもしれない

遠いところへ行った友達に
潮騒の音がもう一度届くように
今　海に流そう

小さな子供にたずねられたら
海の碧さをもう一度伝えるために
今　瞳を閉じて
今　瞳を閉じて

ひこうき雲

荒井由実 作詞・作曲／源田俊一郎 編曲

白い坂道が空まで続いていた
ゆらゆらかげろうが　あの子を包む
誰も気づかず　ただひとり
あの子は昇ってゆく
何もおそれない　そして舞い上がる
空に憧れて
空をかけてゆく
あの子の命はひこうき雲

高いあの窓で　あの子は死ぬ前も
空を見ていたの　今はわからない
ほかの人には　わからない
あまりにも若すぎたと　ただ思うだけ
けれど　しあわせ
空に憧れて
空をかけてゆく　　　※
あの子の命はひこうき雲

※ Refrain

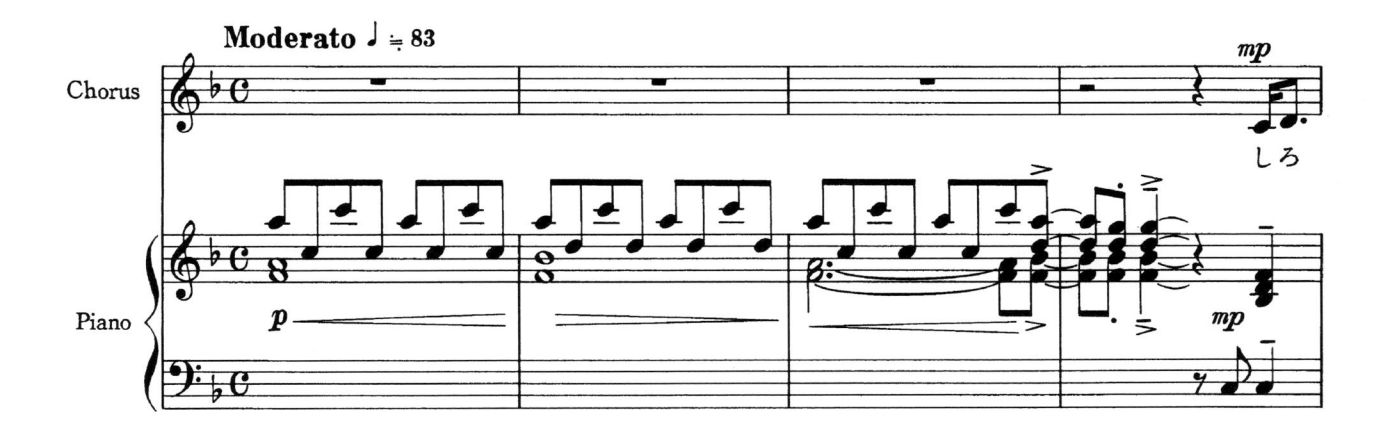

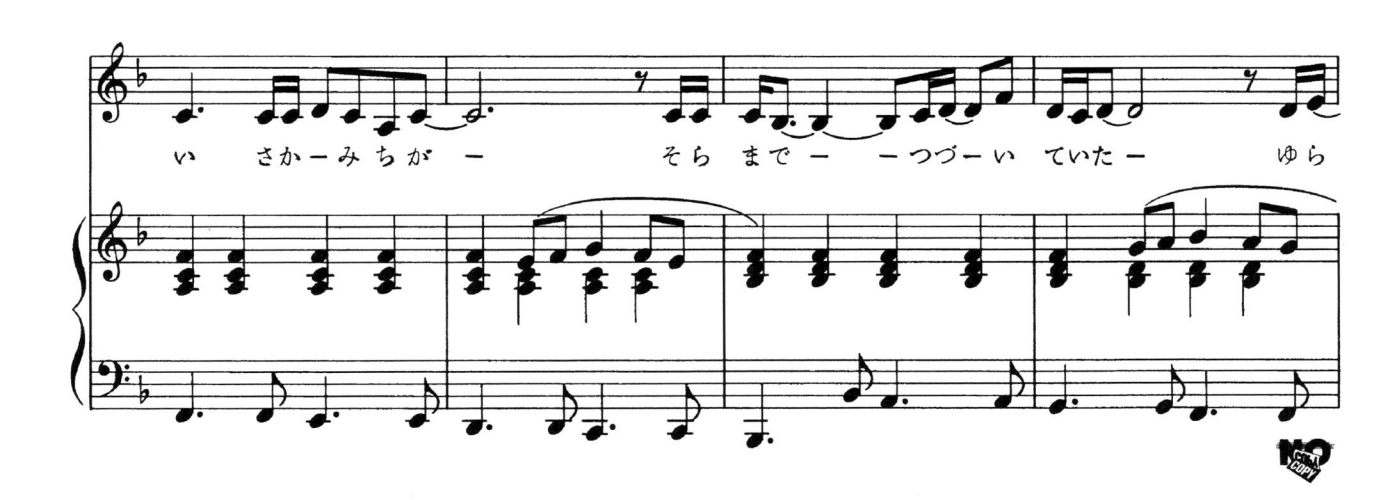

晩夏 ～一人の季節～

荒井由実 作詞・作曲／源田俊一郎 編曲

ゆく夏に　名残る暑さは
夕焼けを吸って燃えたつ葉鶏頭
秋風の心細さは　コスモス

何もかも捨てたい恋があったのに
不安な夢があったのに
いつかしら　時のどこかへ置き去リ
　　空色は水色に　茜は紅に
　　やがて来る淋しい季節が恋人なの

丘の上　銀河の降りるグラウンドに
子供の声は犬の名をくりかえし
ふもとの町へ帰る
　　藍色は群青に　薄暮は紫に
　　ふるさとは深いしじまに輝きだす
　　輝きだす

22

メトロポリスの片隅で

松任谷由実 作詞・作曲／源田俊一郎 編曲

さようなら　あのひと
ふりきるように駆けた階段
ひといきれのみ込む通勤電車
涙ぐむまもなく

ごらん　そびえるビルの群れ
悲しくなんかないわ

ときどき胸を刺す夏のかけら
きらめく思い出が痛いけど　　　※
私は夢見る　Single Girl

コピーマシンのように
流れて落ちる日々もいつしか
クリップではさんだ青春になる
私だけのファイル

Planet 私に気がついて
愛の望遠鏡で

あるとき街角で足をとめる
かすかな追い風もふりかえる
私は夢見る　Single Girl

※ Refrain

ANNIVERSARY
～無限にCALLING YOU～　松任谷由実　作詞・作曲／源田俊一郎　編曲

なぜこんなこと　気づかないでいたの
探し続けた　愛がここにあるの
木漏れ日がライスシャワーのように
手をつなぐ二人の上に降り注いでる
あなたを信じてる　瞳を見上げてる
ひとり残されても　あなたを思ってる

今はわかるの　苦い日々の意味も
ひたむきならば　やさしいきのうになる
いつの日か　かけがえのないあなたの
同じだけ　かけがえのない私になるの
明日（あした）を信じてる　あなたと歩いてる
ありふれた朝でも　私には記念日

今朝（けさ）の光は無限に届く気がする
いつかは会えなくなると
知っていても

あなたを信じてる　あなたを愛してる
心が透き通る　今日の日が記念日
明日（あした）を信じてる　あなたがそばにいる
ありふれた朝でも　私には記念日

あなたを信じてる　瞳を見上げてる
ひとり残されても　あなたを思ってる
青春を渡って　あなたとここにいる
遠い列車に乗る　今日の日が記念日

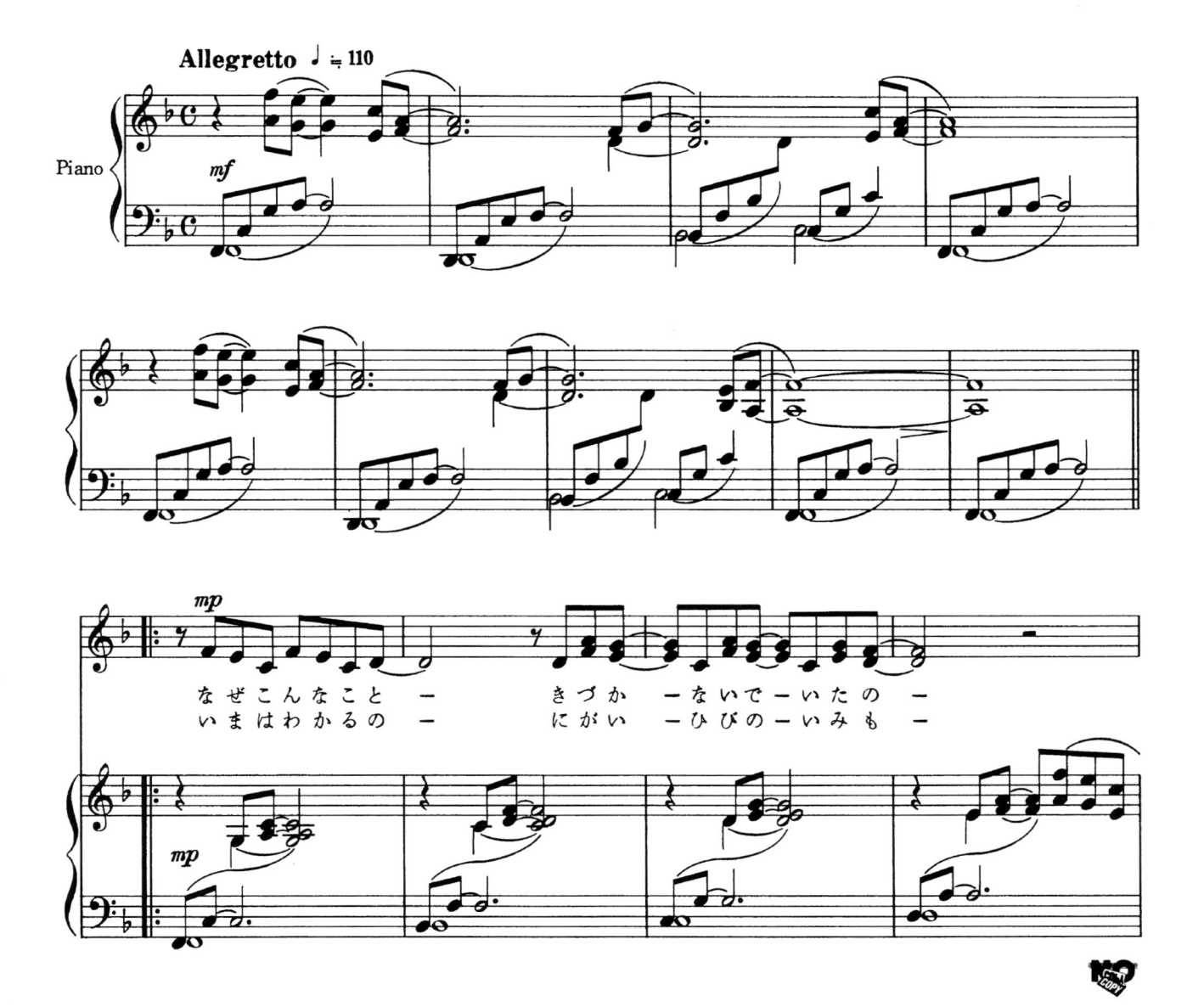

Allegretto ♩ ≒ 110

Piano　*mf*

mp

なぜこんなこと ー きづか ーないでーいたの ー
いまはわかるの ー にがい ーひびのーいみも ー

mp

ノーサイド

松任谷由実 作詞・作曲／源田俊一郎 編曲

彼は目を閉じて　枯れた芝生の匂い　深く吸った
長いリーグ戦　しめくくるキックはゴールをそれた
　　　肩を落として　土をはらった
　　　ゆるやかな　冬の日の黄昏に
彼はもう二度と　かぐことのない風　深く吸った

　　何をゴールに決めて
　　何を犠牲にしたの　誰も知らず
　　歓声よりも長く
　　興奮よりも速く　走ろうとしていた　あなたを
　　少しでもわかりたいから
人々がみんな立ち去っても私　ここにいるわ ┃ ※

　　同じゼッケン　誰かがつけて
　　また次のシーズンを　かけてゆく
人々がみんなあなたを忘れても　ここにいるわ

　　※ Refrain

ロッヂで待つクリスマス

松任谷由実 作詞・作曲／源田俊一郎 編曲

小さなつむじ風が
尾根をかけ降りるたびに
縞紋様　広がる
月のゲレンデ　夢を見るように
私はガラスにほほよせる

ゲームにはしゃぐ人も
炎を見てた人も
いつか　おもてに出て
熱のある日は部屋に残された
子供の私がよみがえり　すわってる

きみのきみの声の　こだま追いかけ
窓もドアも越えて心は滑る

やがて響きわたる花火の音を
ロッヂで待つクリスマス　　※

キャロルを口ずさめば
わけもないなつかしさを
伝えたくなるから
町の誰かにカードを書くけど
素敵な言葉がうかばずに　目を閉じる

※　Refrain

銀の月の影を　抱きとるように
森も谷も越えて心は滑る
きっとちがう明日が訪れそうな
ロッヂで待つクリスマス

卒業写真

荒井由実 作詞・作曲／源田俊一郎 編曲

悲しいことがあると開く皮の表紙
卒業写真のあの人はやさしい目をしてる

町でみかけたとき　何も言えなかった
卒業写真の面影がそのままだったから

人ごみに流されて変わってゆく私を
あなたはときどき遠くでしかって

話しかけるようにゆれる柳の下を
通った道さえ今はもう電車から見るだけ

あの頃の生き方をあなたは忘れないで
あなたは私の青春そのもの

人ごみに流されて変わってゆく私を
あなたはときどき遠くでしかって

あなたは私の青春そのもの

NexTone 許諾番号 PB000041987 号

1989年12月 1 日　第 1 刷発行
2024年 5 月 1 日　第 9 刷発行

女声合唱のための **ユーミンストリート**　源田俊一郎（げんだしゅんいちろう）編曲

●発行所＝カワイ出版（株式会社 全音楽譜出版社 カワイ出版部）
　　　　〒161-0034 東京都新宿区上落合 2-13-3　TEL 03-3227-6286 ／ FAX 03-3227-6296
　　　　出版情報 **http://editionkawai.jp**
●印刷・製本＝平河工業社

NexTone 許諾番号 PB000041987 号　　　　　日本音楽著作権協会（出）許諾 8901236-409 号

ⓒ 1989 by edition edition KAWAI, a division of Zen-On Music Co., Ltd.

ISBN978-4-7609-2665-7